Guide

Pratique

DES

CONSEILLERS MUNICIPAUX

AMIENS

Paul DUCHATEL, Imprimeur-Éditeur

44, Rue des Jacobins.

1897

LE

GUIDE PRATIQUE

DES CONSEILLERS MUNICIPAUX

PRATIQUE

LES MUNICIPAUX

Le Guide

Pratique

DES

CONSEILLERS MUNICIPAUX

AMIENS

Paul DUCHATEL, Imprimeur-Éditeur

40, Rue des Jacobins.

1897

PREMIÈRE PARTIE

ORGANISATION DES CONSEILS MUNICIPAUX

I

La Commune. — Tandis que le canton, comme l'arrondissement du reste, ne sont que des subdivisions territoriales, la COMMUNE au contraire est une unité administrative.

Ses biens se divisent en *domaine public* (chemins vicinaux, rues, places, édifices pour le culte, chemins de fer communaux); et en *domaine privé* (biens *communaux* tels que bois, terres vagues ; et *biens patrimoniaux* tels que champs, salles de spectacle louées au profit de la caisse municipale).

— Chaque commune a un conseil municipal composé, y compris les maire et adjoints de :

10	membres dans les communes de		500 habitants.		
12	—	dans celle de	500 à	1.500	—
16	—	—	1.500 à	2.500	—
21	—	—	2.500 à	3.500	—
23	—	—	3.500 à	10.000	—

27	—	—	10.000 à 30.000	—
30	—	—	20.000 à 40.000	—
32	—	—	40.000 à 50.000	—
34	—	—	50.000 à 60.000	—
36	—	—	60.000 et au-dessus.	

Maires et Adjoints. — Les fonctions des maires adjoints, et des autres membres du corps municipal sont essentiellement gratuites et ne peuvent donner lieu à aucune indemnité ni frais de représentation.

— L'élection des membres du Conseil municipal a lieu au scrutin de liste. Ils sont élus pour 4 ans, et renouvelés intégralement le 1er dimanche de mai.

— La nomination des maires et adjoints a souvent été modifiée depuis 1852. Aujourd'hui elle est réglée par la loi du 12 août 1876. Les maires et adjoints sont choisis parmi les conseillers municipaux dans les communes, chefs-lieux de département, d'arrondissement et de canton et par le conseil municipal dans les autres communes.

Les conditions requises sont : l'âge de 25 ans ; la jouissance des droits civils et politiques ; être membre du conseil municipal ; ne remplir aucune des fonctions déclarées incompatibles par la loi, comme celles de préfet, sous-préfet, membre des tribunaux (à moins d'être juge suppléant), ministre d'un culte, agent payé par le budget communal, etc.

Les *maires* sont suspendus par le préfet avec l'approbation du Ministre dans les deux mois ; ils ne peuvent être révoqués que par le Président de la République.

Les *adjoints* sont les auxiliaires du maire et le remplacent en cas d'absence. Le Maire peut déléguer une partie de ses fonctions à un ou plusieurs adjoints.

II

ATTRIBUTIONS DES MAIRES ET ADJOINTS.

Attributions civiles.--Le Maire considéré comme *officier d'état civil*, est chargé de recevoir et de conserver les actes de naissance, de mariage et de décès.

Comme *officier de police judiciaire*, il a la haute main sur la police locale.

Il remplit au besoin les fonctions de ministère public devant le juge de paix à défaut du commissaire de police.

En conséquence, le Maire dépend de l'autorité judiciaire et se trouve placé sous la surveillance des procureurs près les Tribunaux.

Attributions administratives. — Le Maire est *agent de l'administration*. Comme tel il est chargé de la publication et de l'exécution des lois, des mesures à prendre pour la sûreté générale. Il a la police des cimetières, et doit faire remplir les listes de recensement.

Il est naturellement aussi, représentant de la commune. En cette qualité il a la mission de préparer le budget, de prendre les arrêtés nécessaires sur la voirie communale et sur la police municipale et rurale, de gérer les revenus ; en un mot, il a le soin de toute la comptabilité municipale.

Tous les actes du Maire peuvent être annulés par le Préfet et susceptibles du recours devant le Conseil d'État.

Attributions contentieuses. — En matière de contributions indirectes, le Maire peut statuer provisoirement, il appartient seul au Conseil de préfecture de statuer définitivement.

Il en est de même en ce qui concerne les courses de chevaux.

III

ATTRIBUTIONS DES CONSEILS MUNICIPAUX.

Attributions politiques. — Aux termes des articles 1 et 2 de la loi du 2 août 1875, chaque conseil

municipal élit un délégué pour les élections sénato-
riales et un suppléant pour le remplacer.

Il peut être choisi parmi tous les électeurs de la
commune mais ce ne peut être, ni un conseiller général, ni un conseiller d'arrondissement.

Attributions administratives. — Les conseils
municipaux statuent définitivement ou peuvent *régler*
un certain nombre d'affaires.

Sur beaucoup d'autres leur décision doit être ratifiée
par l'autorité préfectorale.

Dans ce second cas ils *délibèrent*.

Il est enfin des circonstances où ils n'interviennent
qu'à titre consultatif. Dans ce troisième cas ils émet-
tent des *avis*.

Sous ces différents titres :

Réglementations, Délibérations, Avis, nous repren-
drons par la suite et en détail dans la *deuxième
partie* de ce guide, les divers objets qui ont trait à chacun de ces trois degrés ; mais auparavant, il nous faut
dire quelques mots des règles auxquelles sont soumises les assemblées et les délibérations des conseils
municipaux.

IV

INSTALLATION ET RÉUNIONS DES CONSEILS MUNICIPAUX.

L'installation des conseillers municipaux nouvellement élus a lieu dans une séance spéciale dans laquelle il ne peut être pris aucune autre délibération. Cette séance est présidée par le plus ancien membre du conseil.

Constitution du bureau. — Le Maire préside le conseil municipal et a voix prépondérante en cas de partage.

Les mêmes droits appartiennent à l'adjoint qui le remplace (Loi du 5 mai 1855, art. 19).

Les fonctions de secrétaire sont remplies par un conseiller nommé au scrutin secret.

Un secrétaire est nommé à chaque session.

Commissions. — Les commissions formées au sein du conseil municipal ne sont exclusivement chargées que de préparer un travail.

Le Maire peut et doit autant que possible assister aux séances des diverses commissions.

Sessions ordinaires. — Les conseils municipaux s'assemblent en session ordinaire quatre fois par an, au commencement des mois de février, mai, août et novembre. (L. 5 mai 1855, art. 15).

Chaque session peut durer 10 jours.

Dans ces sessions le Conseil s'occupe de tout ce qui rentre dans ses attributions.

Sessions extraordinaires. — Sur la demande du maire le préfet ou sous-préfet peut convoquer le conseil en session extraordinaire. La convocation peut avoir lieu pour un cas spécial et urgent, auquel le préfet ne peut refuser son autorisation que par un arrêté motivé.

Convocations. — La convocation se fait pour les sessions ordinaires trois jours avant celui de la réunion.

Pour les sessions extraordinaires elle se fait cinq jours avant.

Présence aux Séances. — Tout membre du conseil municipal qui sans motif a manqué trois séances consécutives, peut être considéré comme démissionnaire, sauf recours devant le conseil de préfecture. (L. 5 mai 1855.)

Délibérations. — Le conseil ne peut délibérer que lorsque la majorité des membres en exercice assiste à la séance.

Vote. — Les résolutions sont prises à la majorité

absolue des suffrages. La voix du maire est toujours
prépondérante. On peut voter au scrutin secret,
lorsque 3 membres présents le demandent.

Publicité. — Le Conseil municipal ne peut faire
ni publier aucune protestation, proclamation ou adresse
(L. 18 juillet 1857, art 24.)

DEUXIÈME PARTIE

RÉGLEMENTATIONS

I

1°. **Biens communaux.** — Les conseils municipaux sont chargés de régler le mode d'administration des biens communaux, les conditions des baux à ferme ou à loyer, dont la durée n'excède pas dix-huit ans. Il en est de même pour les biens ruraux.

Rentre dans cette même classification, la mise en ferme de la chasse et de la pêche dans les propriétés communales.

Les fermiers ou locataires doivent être astreints à fournir un cautionnement.

2°. **Adjudications.** — La mise en ferme doit avoir lieu par adjudication publique, après affiches et publications et suivant les conditions exprimées dans un cahier des charges. (Cir. min. int. 5 mai 1852.)

Lorsqu'il est procédé aux enchères publiques, l'adjudication est passée par le maire ; il est assisté de 2 membres du conseil municipal désignés par le conseil. Le receveur municipal est présent à toutes les adjudications.

L'adjudication peut être passée par notaire, en présence du maire.

3°. **Droits de place.** — Les conseils municipaux *règlent* le tarif des droits de place dans les halles, foires, marchés (L. 24 juill. 1867). Ordinairement ces droits sont calculés par journée, à raison du mètre de terrain occupé par les marchands.

Le droit peut être mis en ferme ou perçu directement suivant les circonstances locales.

4°. **Stationnement sur la voie publique.** — Les droits pour journées de stationnement et de locations sur les rues sont aussi réglés par les conseils municipaux.

Ils ne peuvent en revanche imposer l'industrie elle-même, seul le loyer de l'emplacement occupé peut être perçu.

Les voitures s'arrêtant sur la voie publique pour charger ou décharger des marchandises ne sont pas soumises à la taxe.

Il en est de même des voitures qui s'arrêtent pour un service, à des endroits fixes.

Les marchands ambulants de denrées alimentaires admis à circuler peuvent le faire librement sans être frappés de taxe de stationnement.

5°. **Pâturages.** — Il appartient aux conseils municipaux de régler la répartition des pâturages et la jouissance des fruits qui naissent sur les biens communaux.

Cette répartition ne peut être faite par le maire seul, il faut que ce soit le conseil municipal qui se prononce.

6°. **Affouages.** — Le partage des bois d'affouage se fait par chef de famille ayant domicile dans la commune.

Si les coupes sont délivrées en nature pour l'affouage et si les communes n'ont pas d'autres ressources, une partie des coupes peut être mise aux enchères avant toute distribution et le prix en être consacré au paiement des coupes, contribution foncière et autres dépenses inhérentes à l'administration des biens.

7°. **Cimetières.** — Il appartient au conseil municipal de déterminer le prix des concessions pour les cimetières.

Aucune concession ne peut être faite qu'après le versement d'un capital dont deux tiers sont au profit de la commune et un tiers au profit des pauvres.

Les communes peuvent exiger que les corps dont

l'inhumation définitive doit-être ajournée soient déposés dans un local spécialement aménagé à ce service. Elles ont alors un droit d'établir un tarif pour la location de ces dépositoires.

8°. **Dons et legs.** — Les conseils municipaux règlent l'acceptation ou le refus des dons ou legs, lorsque ceux-ci ne donnent pas lieu à réclamation. (L. 24 juillet 1866, art. 1er, no 9.)

Lorsque les libéralités faites à la commune sont accompagnées de charges ou conditions, il n'appartient plus au conseil municipal seul de se prononcer.

9₀. **Logements insalubres.** — Sont réputés insalubres les logements qui se trouvent dans des conditions de nature à porter atteinte à la vie ou à la santé de leurs habitants dit la loi 13 avril 1850.

A l'effet de remédier à cet état de choses une commission peut être nommée par les conseils municipaux. Elle se composera de neuf membres au plus et de cinq au moins.

Doivent en faire partie : un médecin et un architecte ainsi qu'un membre du bureau de bienfaisance et du conseil des Prud'hommes.

La présidence revient de droit au maire ou à l'adjoint.

Le médecin ou l'architecte peuvent être choisis hors de la commune.

La commission se renouvelle tous les deux ans par tiers ; les membres sortants sont indéfiniment rééligibles.

Dans les communes de plus de cinquante mille habitants la commission peut se composer de vingt membres.

Le rapport de la commission est déposé, après examen de l'état des biens, au secrétariat de la mairie, où les parties intéressées sont mises en demeure d'en prendre communication et de présenter leurs observations dans le délai d'un mois.

Ce délai écoulé le conseil municipal statue.

Ces commissions spéciales sont autorisées de par la loi du 13 avril 1750 à s'introduire dans les locaux habités pour y rechercher les causes d'insalubrité signalée et les moyens d'y remédier.

10°. **Taxes d'octroi.** — Les conseils municipaux ne peuvent prendre concernant les taxes d'octroi que des dispositions délibératives.

La loi du 24 juillet 1867 donne cependant aux conseils municipaux un pouvoir réglementaire en ce qui vise la suppression ou la diminution des taxes d'octroi ; la prorogation des taxes principales pour cinq ans au plus ; l'augmentation des taxes jusqu'à concurrence d'un décime.

Impositions extraordinaires, emprunts. — Les impositions suivantes peuvent être votées par les conseils municipaux sans qu'il soit besoin d'être ratifiées par le préfet :

Les *centimes spéciaux* ou prestations en nature pour les chemins vicinaux.

Pour l'entretien de ces derniers, il peut être fixé un maximum de trois journées de travail ou de cinq centimes qui viennent s'ajouter au principal des 4 contributions directes. Pour faire face aux dépenses de l'instruction primaire, il peut être encore fixé un maximum de 4 centimes.

Les *centimes extraordinaires* pour les chemins vicinaux ordinaires dont le maximum est de trois (L. 24 juillet 1867).

Pour la gratuité de l'instruction publique, 6 centimes additionnels peuvent être ajoutés au principal des quatre coutributions directes. (L. 26 déc. 1876.)

Des *centimes additionnels* peuvent encore être imposées pour subvenir au traitement du garde champêtre.

Enfin les conseils municipaux peuvent voter des contributions extraordinaires n'excédant pas 5 centimes pendant cinq années pour en affecter le produit à des dépenses extraordinaires d'utilité communale.

TROISIÈME PARTIE

DÉLIBÉRATIONS

— Les délibérations prises par les conseils municipaux sont envoyées au préfet ou au sous-préfet. Elles sont exécutoires sur l'approbation du préfet. Celui-ci ne peut qu'approuver ou désapprouver, mais non modifier.

§ 1er. **Budget.** — Les recettes et les dépenses des communes ne peuvent être faites qu'en vertu du budget de chaque exercice. Ce dernier commence le 1er janvier pour finir le 31 décembre.

Néanmoins un délai est fixé jusqu'au 31 mars de l'année suivante pour en faciliter les opérations.

Le budget de chaque exercice sur le rapport du maire est délibéré par le conseil dans sa session annuelle de mai.

Le budget se divise en recettes ordinaires et en recettes extraordinaires, ainsi qu'en dépenses ordinaires et dépenses extraordinaires.

Vient s'adjoindre à ce budget primitif, le budget supplémentaire. (Circ. min. 10 avril 1835.)

Le conseil municipal, après avoir apporté au rapport du maire les modifications jugées utiles, dresse définitivement le tableau du budget qui doit être soumis à l'administration supérieure.

Quatre expéditions signées par tous les membres du conseil en sont dressées.

Le préfet règle par arrêté le budget de chaque commune. (L. 18 juil. 1837.)

Les *crédits* qui sont reconnus nécessaires, après l'adoption du budget, sont proposés par le conseil et autorisés par le Préfet.

Si le budget d'une commune n'a pas été approuvé avant le commencement de l'exercice, les recettes et dépenses continuent, jusqu'à l'approbation de ce budget, à être faites de la même façon que l'année précédente. (L. 18 juillet 1837.)

Les dépenses proposées ne peuvent être augmentées.

Les conseils municipaux peuvent porter au budget un crédit pour dépenses imprévues. Ce crédit est employé par le maire, avec l'approbation du préfet pour les communes de l'arrondissement chef-lieu et du sous-préfet pour les communes des autres arrondissements.

Dans les communes autres que les chefs-lieux de département ou d'arrondissement, le maire peut employer ce crédit pour des dépenses urgentes, sans approbation du préfet, à condition d'en rendre compte à la première session du conseil municipal.

Les crédits n'étant que des prévisions, le conseil peut les supprimer comme il lui plaît.

Les budgets et les comptes des communes sont déposés à la mairie où tout contribuable a le droit d'en prendre connaissance.

Recettes des communes. — Les recettes ordinaires peuvent se décomposer ainsi qu'il suit :

— 1° Fermages et loyers de propriétés communales ; — 2°. Arrérages de rentes sur l'État ou sur les particuliers ; — 3°. Prix de location du droit de chasse dans les bois communaux, du droit de pêche dans les rivières, étangs, etc. ; — 4°. Prix de vente des coupes de bois ; — 5°. Cotisations imposées annuellement sur les ayants-droits aux fruits, qui se perçoivent en nature ; — 6°. Produit des centimes ordinaires, dont : cinq centimes sur le principal de la contribution foncière et sur le principal de la contribution personnelle et mobilière (L. 5 mai 1818), cinq centimes pour les chemins vicinaux ; — 7°. Produit des prestations en argent pour les chemins vicinaux ; — 8°. Subvention de l'État et du département pour les mêmes chemins, cette subvention est répartie par le conseil général ; — 9°. Subventions des particuliers, toujours pour ces chemins. Ces dernières relatives particulièrement aux exploitations des mines et carrières peuvent être réglées par abonnement, — 10°. Centimes spéciaux pour les dépenses de l'instruction primaire ; — 11°. Centimes pour assurer la gratuité de l'instruction primaire ; 12°. Imposition pour le traitement du garde-champêtre ; — 13°. Produit de la portion accordée aux communes dans l'impôt des patentes (L. 18 juil. 1837). — 14°. Part revenant aux communes dans les droits de permis de chasse (L. 31 mai 1862). Ces permis délivrés par le préfet sur avis du maire donne lieu à un paiement de 15 francs au profit de l'Etat et 10 francs au profit de la commune ; — 15°. Produit des octrois municipaux. — 16°. Produit des droits de place perçus dans les halles, foires, marchés, abattoirs ; — 17°. Produit des permis de stationnement et des locations sur la voie publique, ports, rivières, autres lieux publics ; — 18°. Produit des droits de pesage, mesurage ; — 19°. Produit des concessions dans les cimetières, attribué pour deux tiers à la commune et pour un tiers aux pauvres ou aux établissements de bienfaisance ; — 20°. Concession d'eau, enlèvement des boues ou autres concessions. Le prix de ces concessions est fixé par le conseil municipal.

Quant à l'enlèvement des boues, s'il donne lieu à un produit pour la commune, c'est la plupart du temps indirectement, car ce service constitue une charge mise en adjudication publique. — 21°. Les expéditions des actes administratifs et de l'état-civil sont également une source de revenus pour la commune.

Pour les communes dont la population est moindre de 50.000 habitants les frais sont ainsi établis :

1°. L'acte de naissance, de décès ou publications de mariage..	0	30
2° Acte de mariage ou de divorce. . . .	0	60

Pour les communes de 50.000 habitants et au-dessus :

1r Naissances, etc..	0	50
2° Mariage, divorce	1 fr.	

— 22°. Les amendes de police rurale et municipale reviennent de droit à la commune. Il en est de même des amendes pour délits de chasse. Celles de police correctionnelle sont mises à la disposition du préfet qui en a l'usage pour le paiement d'autres frais de justice ; 23°. Les écoles préparatoires de médecine et de pharmacie, ainsi que les écoles préparatoires à l'enseignement supérieur des sciences et lettres, considérées comme établissements communaux, produisent encore à la commune, de ce chef, les frais d'inscription et d'examen ; — 24°. Les ressources provenant de dons ou legs affectées au traitement de l'instituteur et de l'institutrice ; dans le cas où ces ressources seraient insuffisantes il peut être prélevé 3 centimes additionnels au principal des contributions directes (L. 15 mars 1850).

D'autre part le conseil général est toujours libre de venir en aide aux communes, ainsi qu'en dernier ressort le Ministre de l'Instruction publique qui a toujours à sa disposition le budget de l'Etat (L. 15 mars 1850). — 25°. La taxe sur les chiens, qui est obligatoire ne peut excéder 10 francs, ni être inférieure à 2 fr.

Recettes extraordinaires. — Les conseils municipaux, en dehors des recettes ordinaires que nous venons d'énumérer rapidement, ont aussi le droit, pour le besoin de la commune, de voter des contributions extraordinaires. — Il leur appartient aussi de régler les biens aliénés (L. 18 juillet 1837) ; — les rentes sur l'Etat considérées comme immeubles ; —

les dons et legs ; — le produit des emprunts ; — les autres recettes accidentelles.

Dépenses. — Les dépenses des communes se divisent en deux catégories :

1°. Les dépenses obligatoires (L. 18 juillet 1837) qui comprennent : l'*entretien de la mairie*, les *frais de bureaux et d'impression*, y compris le *traitement du secrétaire de mairie*, *l'abonnement au bulletin des communes* (L. 18 juillet 1837), les *frais de recensement* les *traitements du receveur municipal, du préposé en chef de l'octroi* et *du percepteur.*

En ce qui concerne le *préposé en chef de l'octroi*, il est utile d'ajouter qu'il est nommé par le préfet sur une liste triple de candidats, présenté par le maire et sur la proposition du directeur des contributions indi-rectes (L. 25 mars 1852).

Le traitement de ce fonctionnaire est fixé par le Ministre des Finances.

Aux dépenses, viennent encore se joindre, celles relatives *aux traitements* des *gardes champêtres.*

Chaque commune doit en posséder au moins un, qui est nommé par le préfet sur la présentation du maire.

— *Les frais de bureau et les traitements des com-missaires de police.*

Toute ville de 5.000 à 10.000 habitants doit avoir un commissaire de police et dans les villes excédant ce chiffre il doit y avoir un commissaire par 10.000 habitants.

La dépense des services de police est obligatoire dans les communes, chefs-lieux ayant plus de 40.000 âmes.

Les inspecteurs de police, brigadiers, sous-brigadiers et agents de police sont nommés par le préfet sur la présentation du maire.

— Les *pensions des employés municipaux* ; les *frais de loyer du local de la Justice de Paix.*

— Les *dépenses relatives aux salles d'asile.*

Les directrices de ces asiles sont payées par les communes. Elles sont en outre logées gratuitement.

— *Dépenses relatives à l'enseignement primaire.* Si elles sont obligatoires pour les communes elles sont cependant subordonnées à leurs ressources. La répartition ne distingue pas les écoles congréganistes des écoles laïques.

La loi du 15 mars 1850 indique que toute commune doit entretenir une ou plusieurs écoles primaires. Mais une commune pauvre peut être autorisée à se joindre à une ou plusieurs communes voisines pour l'entretien de cette école. Les frais d'établissement restent néan-

100 fr.	dans les localités dont la population est de	1.000	à	3.000	hab.
200	—	—	3.001	à	9.000
300	—	—	9.001	à	12.000
400	—	—	12.001	à	18.000
500	—	—	18.001	à	35.000
600	—	—	35.001	à	60.000
700	—	—	60.001	à	100.000
.000	—	—	100.001 et au-dessus.		
.000	—	—	à Paris.		

Les communes, chefs-lieux de canton ayant moins e 1.000 habitants sont assimilées aux localités de .000 à 3.000 habitants.

Les directeurs et directrices d'écoles primaire supéieure ont comme traitement :

5e	classe.	1.800 fr.
4e	—	2.000
3e	—	2.200
2e	—	2.500
1te	—	2.800

Ils reçoivent également l'indemnité de résidence.

Le traitement des instituteurs adjoints et institutrices st fixé ainsi qu'il suit. (L. 20 mars 1893) :

5e	classe.	1.200 fr.
4e	—	1.400
3e	—	1.600

2° — 1.900
1° — 2.200

Il sera pourvu, à ces dépenses, en ce qui incombe aux départements et aux communes, au moyen de crédits ouverts annuellement à leurs budgets, à titre de dépenses obligatoires dans les conditions prévues par l'art 61 de la loi du 10 août 1871 et par l'article 149 de la loi du 5 avril 1884.

Les 4 centimes communaux et les 4 centimes départementaux affectés aux dépenses obligatoires de l'enseignement primaire par les loi des 10 avril 1867, 19 juillet 1875 et 16 juin 1881 sont supprimés : — Est également supprimé, le prélèvement du cinquième institué par la loi du 16 juin 1881.

En revanche depuis le 1er janvier 1890 il est également perçu 12 centièmes de centime représentant les frais de perception des 4 centimes antérieurement perçus au profit des communes.

Dépenses non obligatoires. — Elles concernent les communes ayant au moins 500 habitants. Celles-ci sont tenues d'avoir au moins une école publique de filles.

La commune doit fournir à l'instituteur un local convenable, ainsi qu'un traitement et un logement. (L. 10 avril 1867).

Les communes ayant moins de 500 habitants peuvent avoir une école mixte.

A l'instituteur est adjoint une femme nommée par le préfet, sur la proposition du maire, chargée de diriger les travaux à l'aiguille des filles.

Le Conseil départemental détermine, sur l'avis du conseil municipal les cas où, il peut être établi une ou plusieurs écoles de hameau, dirigées par des adjoints ou des adjointes. (L. 10 avril 1867.)

Une indemnité, fixée par le Ministre de l'Instruction publique, après avis du conseil municipal, peut être accordée annuellement aux instituteurs et institutrices dirigeant une classe communale d'adultes, payante ou gratuite.

Les communes, chefs-lieux de département dont la population excède 6.000 âmes doivent avoir, outre les écoles primaires élémentaires une école primaire supérieure.

Enseignement secondaire. — Les communes sont obligées de payer les frais d'établissement, d'entretien, de réparations des bâtiments et du mobilier de leurs collèges.

Le local et le mobilier du conseil académique et des bureaux du recteur doivent être fournis par la ville du chef-lieu de l'académie.

Les *Ecoles préparatoires de médecine et de pharmacie* sont des établissements communaux.

Les villes où elles sont ouvertes doivent fournir, en dehors du local, une subvention annuelle pour le traitement des professeurs et les frais du matériel, ainsi que ceux relatifs à l'installation d'un laboratoire.

Dans la nomenclature des dépenses, on doit faire entrer aussi en ligne de compte,

L'indemnité de logement aux curés et autres ministres des cultes salariés par l'Etat.

Les communes ne sont tenues de pourvoir au logement des curés qu'en cas d'insuffisance des revenus des fabriques. L'obligation pourtant ne va pas jusqu'à leur accorder un jardin (Déc. minist. 1857).

Les secours aux fabriques des églises, en cas d'insuffisance de leurs revenus, si celle-ci est régulièrement constatée.

Les communes sont tenues en outre de fournir aux grosses réparations des édifices consacrés au culte et des édifices communaux, la clotûre des cimetières, leur entretien.

Les frais des plans d'alignement; les frais des conseils des Prud'hommes.

Les communes n'ont point d'impôts à payer pour les immeubles affectés à un usage public; mais les biens qui produisent des revenus au profit de la commune sont assujettis à la contribution foncière. Ils sont astreints en plus à la taxe de main-morte.

Les secours et pensions accordées aux sapeurs-pompiers, à leurs veuves et à leurs orphelins.

Les frais de tenue des assemblées électorales pour l'élection des membres du Corps législatif, des Conseils généraux, des Conseils d'arrondissement et des Conseils municipaux, des membres des Tribunaux de commerce et des Conseils de prud'hommes, des Chambres de commerce. (D. 21 mai 1862.)

Les dettes communales contractées pour subvenir aux besoins de leurs services.

La construction et l'entretien des chemins vicinaux.

La mise en culture et l'assainissement des marais et terres incultes.

Le logement du magistrat qui est chargé de présider les assises dans une autre ville que celle où est établi le siège de la cour d'appel.

Les dépôts de sûreté et maisons de police, en tant qu'ils servent à l'éxécution des condamnations de simple police.

La dépense du transport, de l'entretien, du traitement des aliénés dans les asiles.

Le Conseil général statue sur la part définitive de la dépense pour cet article qui doit être mise à la charge des communes.

— *Les secours dûs aux indigents.*

Les ressources que les communes peuvent affecter à cette dépense sont centralisées entre les mains des trésoriers payeurs-généraux de chaque département (Circ. min. 26 juin 1855).

Les malades et indigents des communes privées d'établissements hospitaliers peuvent être admis aux hospices et hôpitaux du département désignés par le conseil général sur la proposition du préfet, suivant un prix de journée fixé par le préfet, d'accord avec la commission des hospices et des hôpitaux.

Le département dans une certaine mesure peut venir en aide aux communes dont les ressources sont insuffisantes.

Jusqu'à l'âge de 21 ans le domicile de secours reste attaché au lieu de naissance.

Les dépenses des commissions de statistique dans les communes chefs-lieux de canton.

—

Les communes ont, en dehors de ces dépenses obligatoires, d'autres dépenses *facultatives* telles que : service de voirie, entretien des promenades publiques, des pompes à incendie, dépenses d'éclairage, ressources aux hospices, fêtes publiques, dépenses imprévues.

Dans cette catégorie rentrent aussi : le service de la médecine gratuite, la gratuité de l'enseignement, l'entretien de la bibliothèque communale ; certaines autres dépenses enfin sur lesquelles les conseils municipaux sont appelés à délibérer en vertu de diverses dispositions légales.

Propriétés communales. — Les conseils municipaux délibèrent sur les acquisitions, aliénations de propriétés communales, et sur tout ce qui concerne leur conservation.

Acquisitions. — Le maire peut vendre un immeuble à la commune qu'il administre ; un adjoint ou un conseiller municipal ont le même droit, mais il leur est interdit d'assister à la délibération relative à l'acquisition de l'immeuble et de figurer au procès-verbal. Leur présence entraînerait la nullité de cette délibération.

Si l'acquisition a lieu dans le but d'exproprier dans un intérêt public, l'enquête est faite d'après l'art. 5 de la loi du 9 mai 1840. Les plans sont déposés à la mairie pendant huit jours.

Aliénations. — Les communes sont autorisées à aliéner leurs biens à condition toutefois qu'elles combinent cette ressource avec la voie de l'emprunt remboursable au moyen d'impositions extraordinaires.

Lorque le conseil municipal a autorisé la vente, il doit être procédé à une expertise par une personne désignée par le préfet ou le sous-préfet ; puis une enquête de *commodo* et *incommodo* doit avoir lieu.

On procède en général par voie d'adjudication publique. Cependant la vente peut être fa'te de gré à gré.

Pour l'*adjudication* le conseil municipal donne son approbation au projet du cahier des charges proposé par le maire.

On doit stipuler dans ce cahier des charges les échéances de paiement du prix.

Le résultat de l'adjudication doit être arrêté par le maire d'après les enchères ou soumissions, sans l'intervention du conseil.

Ne peuvent se rendre adjudicataires, sous peine de nullité, ni par eux-mêmes, ni par personnes imposées, les administrateurs des biens communaux.

Cette interdiction en matière de biens communaux s'applique au maire seul. Elle ne s'étendrait, soit à l'adjoint, soit aux conseillers municipaux, que dans le cas où ils remplaceraient le maire en sa qualité d'administrateur des biens de la commune, ou dans le cas où ils assisteraient à l'adjudication de ces biens.

Les échanges d'immeubles étant à la fois une acquisition et une vente sont régis par les mêmes dispositions que les acquisitions et les ventes.

Le maire ne peut contracter par voie d'échange soit en son nom, soit comme tuteur, avec la commune qu'il administre.

Les bois appartenant aux communes ne sont pas régis par les règles ordinaires en matière d'aliénations, d'échange, de conservation et d'amélioration. Ces bois sant administrés par l'Etat.

Aucun défrichement des bois des communes ne peut avoir lieu sans une autorisation expresse et spéciale du gouvernement. En revanche il est délibéré par le conseil municipal sur tout ce que propose l'administration forestière.

Quant aux pâturages, c'est au préfet qu'il appartient de fixer, sur la proposition du maire, le chiffre des taxes auxquelles doivent être assujettis les bestiaux conduits à la dépaissance sur des terrains communaux soumis au régime forestier (Déc. min. 1866).

Lorsque plusieurs communes possèdent des bois

ou des droits par *indivis*, il est institué par décret, si l'une de ces communes le réclame, une commission syndicale composée de délégués des conseils municipaux des communes intéressées.

Chacun des conseils élit dans son sein, au scrutin secret et à la majorité des voix, le nombre de délégués qui aura été déterminé par le décret.

La délibération prise par le conseil municipal pour demander le partage des biens *indivis* doit être précédée des enquêtes et expertises prescrites

C'est le préfet qui tranche toutes les difficultés qui peuvent surgir.

Le conseil municipal après son vote sur biens *indivis* ne peut y revenir, à moins que le projet de partage n'ait pas été homologué par l'autorité compétente.

Le conseil municipal peut régler les conditions des *baux* dont la durée est moindre de 18 ans comme nous l'avons déjà dit ; sans quoi la délibération du conseil devra être suivie d'une enquête de *commodo* et *in-incommodo*.

Travaux communaux. — Le conseil municipal délibère sur les projets de construction, de grosses réparations et de démolitions, sur tous les travaux à entreprendre.

Les plans et devis doivent être préalablement adoptés

par le conseil municipal, de même que celui-ci doit justifier l'utilité ou la nécessité des travaux et de l'existence des ressources disponibles pour faire face à la dépense. Cette condition est de rigueur pour que les préfets approuvent la délibération qui leur est soumise.

Si les travaux proposés dans l'intérêt seul de la commune exigent la déclaration préalable d'utilité publique, ils doivent être précédés d'une enquête publique faisant connaître le but de l'entreprise, le tracé des travaux, etc...

Le projet est déposé à la mairie pendant 15 jours.

Les conseils municipaux qui demandent des secours à l'Etat pour la construction, ou la réparation des écoles primaires, doivent présenter à l'appui de leur demande, un plan en double expédition des travaux à exécuter.

La délibération du conseil municipal qui approuve les plans et devis des travaux doit faire connaître la somme votée pour contribuer à la dépense.

Les subventions particulières concernant les travaux à faire aux édifices religieux, de même que les secours accordés par l'Etat, sont attribués soit à la commune, soit à la fabrique.

Lorsque les églises ou presbytères n'appartiennent

pas aux communes, l'avis au moins des conseils municipaux est nécessaire.

Enfin le maire ne peut être autorisé par le préfet à
mettre à exécution un projet contre lequel le conseil
municipal se serait prononcé. Le préfet ne peut que
refuser son approbation à tout autre projet adopté
par le conseil qui ne lui paraîtrait pas conforme aux
besoins du culte et aux intérêts de la commune. (D.
min. 1866.)

*Ouverture des voies publiques et projets d'ali-
gnement.*— Toutes les localités et les communes ayant
une population agglomérée de 2.000 habitants et au_
dessus doivent être pourvues d'un plan d'alignement.

Les préfets peuvent approuver les plans sur lesquels
les conseils municipaux ont délibéré, mais ils ne peuvent rendre exécutoire des alignements qui n'ont pas
été proposés par les conseils municipaux.

Ceux-ci donnent leur avis sur les dénominations de
rues nouvelles ou sur des changements de noms de
rues présentés par un des membres du conseil.

Vaine pâture.— Une délibération du conseil peut
réglementer la vaine pâture, mais elle ne saurait ni
supprimer, ni la restreindre.

Le conseil a le droit de déterminer le nombre de
bétail que chaque habitant pourra faire conduire au

pâturage et indique les bêtes qui seront admises sur les prés et sur les terres.

Dans le cas contraire, les habitants envoient leurs bêtes comme bon leur plaît.

Conditions des dons et legs. — L'examen des dons faits à la commune revient au conseil municipal et porte sur les charges et conditions imposées par le bienfaiteur. En effet, il est de l'intérêt de la commune de s'assurer si ces conditions ne lui sont pas onéreuses et si les exigences du bienfaiteur ne lui nuisent pas.

Lorsqu'il y a charge de service religieux, il faut avant tout, l'approbation de l'évêque.

Il n'appartient pas plus au conseil qu'à l'autorité de modifier les conditions d'un legs ou d'une donation. Si les conditions sont onéreuses, la commune peut renoncer à la libéralité ou s'entendre avec le donateur pour qu'il change ses dispositions.

Le refus du conseil d'accepter une libéralité ne lie pas le préfet, mais ce dernier peut accepter la donation s'il croit que la commune y trouve avantage.

Il est interdit aux établissements ecclésiastiques d'accepter les donations sous réserve d'usufruit. Cette *interdiction* a été étendue aux établissements de bienfaisance, par une circulaire ministérielle du 5 déc. 1863.

L'acceptation des dons et legs est faite par les maires des communes, lorsque ceux-ci sont faits au profit des habitants ou pour les pauvres de la commune.

Si la libéralité n'était faite à la commune qu'avec la charge de faire tenir une école à perpétuité par des congréganistes, elle ne serait pas susceptible d'approbation.

L'obligation de faire tenir une école par des religieux est contraire aux dispositions des lois en vigueur, d'après lesquelles les communes et l'autorité départementale doivent conserver leur liberté entre l'enseignement laïque et l'enseignement religieux.

Néanmoins les établissements ecclésiastiques appartenant à l'un des cultes reconnus par l'Etat, les fabriques et consistoires ont le droit de recevoir des libéralités destinées à fonder ou à entretenir des écoles.

Actions judiciaires. — Aucune commune ne peut introduire une action en justice sans être autorisée par le conseil de préfecture.

Après un jugement la commune ne peut se pourvoir devant une autre juridiction à moins d'une autorisation du conseil de préfecture. Elle est inutile pour les instances administratives engagées par les communes.

Tout contribuable inscrit au rôle de la commune a e droit d'exercer, à ses risques, avec l'autorisation lu conseil de préfecture, les actions qu'il croirait ppartenir à la commune, préalablement appelée à en lélibérer, et qu'elle aurait refusé ou négligé d'exercer.

Quiconque veut intenter une action contre une ommune doit adresser auparavant au préfet un mé- noire exposant les motifs de sa réclamation. Il lui en st donné récépissé.

Le préfet ne peut représenter une commune en ustice contre la volonté du conseil municipal.

Archives communales. — Le maire est res- ponsable de la conservation des archives. L'inventaire loit être communiqué au conseil.

Bains et Lavoirs. — Les communes qui veu- ent obtenir une subvention de l'Etat pour établir des bains et des lavoirs publics gratuits doivent :

1º. Prendre l'engagement de pourvoir jusqu'à con- currence des deux tiers au moins du montant de la lépense totale ; — 2º. Soumettre au Ministre de 'Agriculture les plans et devis des établissements à difier, ainsi que les tarifs des bains.

La subvention de l'Etat peut être égale au tiers de a dépense.

Marché. — Les conseils municipaux délibèrent sur l'établissement des marchés d'approvisionnement dans leur commune.

Pompes funèbres. — On doit distinguer pour cette matière, le service des cérémonies intérieures de l'église et celui de la pompe extérieure des convois. Le tarif des fournitures nécessaires au service des morts à l'intérieur des églises doit être proposé par les fabriques et communiqué au conseil municipal. Mais lorsqu'il s'agit du tarif des opérations et fournitures pour le service extérieur, c'est-à-dire pour le transport des corps, l'initiative appartient au conseil municipal, et les fabriques ont seulement un avis à émettre.

Sapeurs-pompiers. — Ils sont organisés par les communes, en vertu d'arrêtés préfectoraux qui fixent leur effectif d'après la population et l'importance du matériel des secours en service dans la localité. (29 déc. 1875.)

Pour obtenir l'autorisation de former un corps de sapeurs-pompiers, la commune doit s'engager à subvenir pour une période minimum de cinq ans aux dépenses suivantes :

1°. Les frais d'habillement et d'équipement des sous-officiers, caporaux, sapeurs ;

2_0. L'achat des tambours, clairons ;

3°. Le loyer, l'entretien, le chauffage, l'éclairage et e mobilier du corps-de-garde ;

4°. Le loyer du local où sont remisées les pompes ;

5_0. Les réparations et le prix des armes ;

6°. Les frais de registres, livrets :

7°. Les secours ou pensions alloués aux victimes l'incendie, dans le service.

8°. La commune doit indiquer par quels moyens elle ourra subvenir à tous ces frais.

Bureaux télégraphiques. — Lorsqu'une commune demande la création d'un bureau télégraphique, lle doit fournir un bâtiment municipal et la transmission des dépêches doit être confiée au secrétaire de a mairie ou à l'instituteur, ou à tout autre agent communal.

Chemins vicinaux. — Ils sont à la charge des communes.

Les conseils municipaux délibèrent sur les projets l'ouverture de nouveaux chemins vicinaux ordinaire ur le territoire de leur commune et du redressement u d'élargissement des chemins existants.

Toute décision départementale à ce sujet doit être otifiée au conseil municipal.

Il n'appartient pas, en effet, à celle-ci de prescrire d'office l'ouverture et le redressement des chemins vicinaux, alors même qu'il s'agit d'un chemin compris dans le réseau subventionné. Le droit de commission se borne donc à autoriser sur la demande des conseils municipaux les travaux d'ouverture et de redressement. (Cons. d'Etat, 25 juin 1875.)

Les ressources applicables aux dépenses des chemins vicinaux se composent :

1°. Des ressources ordinaires et extraordinaires ;

2°. Des ressources supplémentaires ;

A l'ouverture de la session de mai, le maire doit exposer à son conseil la situation des chemins vicinaux, les dépenses à faire qui y sont relatives, les ressources disponibles pour y obvier.

Le conseil vote ces ressources à cette même session.

En résumé, les communes s'engagent à pourvoir d'une manière permanente à l'entretien des chemins construits. (Circ. min. 22 sept. 1868.)

Dans la session de novembre le conseil de chaque commune est appelé à délibérer sur l'emploi des ressources applicables aux travaux pour l'année suivante, d'après un budget préparé par l'agent-voyer d'arrondissement.

Ecoles communales; admission d'élèves gratuits. — Le maire dresse chaque année avec les ministres la liste des enfants qui doivent être admis gratuitement dans les écoles publiques ; cette liste est approuvée par le conseil municipal et arrêtée définitivement par le préfet. Le maire délivre alors à chaque enfant un billet d'admission.

Aucun élève ne peut être reçu gratuitement dans une école communale s'il ne justifie de ce billet.

Ecoles gratuites. — Si les ressources d'une commune sont insuffisantes pour la création de ces écoles, une subvention peut lui être accordée soit sur les fonds du département, soit sur les fonds de l'Etat.

Caisse des Ecoles. — Dans chaque commune le conseil municipal peut créer une caisse des Ecoles destinée à encourager et à faciliter la fréquentation de l'école par des récompenses aux élèves assidus et par des secours aux élèves indigents.

L'alimentation de cette caisse se fait par des cotisations volontaires et à l'aide de subventions de la commune, du département et de l'Etat. Elle peut recevoir en outre des dons et des legs.

D'autre part, cette caisse peut servir au besoin à suppléer les ressources communales ; elle peut allouer des secours aux parents à la condition qu'ils enverront leurs enfants à l'école ; elle peut fournir aux enfants des vêtements, des livres, du papier, accorder des prix.

En somme ces établissements qui doivent surtout à l'initiative privée, n'ont besoin que d'un règlement de travaux intérieurs dont le préfet pourra donner le modèle au conseil municipal.

Caisse d'Epargne. — Il appartient aux conseils municipaux de fonder ces caisses, d'en nommer les donateurs. Ils dressent les statuts, destinés à régir ces caisses, qu'ils soumettent au préfet qui à son tour l'envoie au ministre de l'Agriculture.

Impôts directs et indirects. — Dans les villes possédant un octroi, le contingent personnel et mobilier peut être payé en totalité ou en partie par les caisses municipales sur la demande qui en est faite aux préfets par les conseils municipaux. Ces conseils déterminent la portion du contingent qui devra être prélevée sur les produits de l'octroi.

Cadastre. — L'évaluation du revenu imposable des maisons et usines doit être révisée tous les 10 ans.

Taxes d'entrée. — Dans les villes ayant quatre mille habitants et au-dessus, les droits de circulation sur les liquides peuvent être remplacés par une taxe unique.

Elle est fixée par hectolitre en divisant la somme des produits annuels de tous les droits à remplacer par la somme des quantités annuellement introduites dans la commune, calculée sur la moyenne des consommations des trois dernières années.

Pour délibérer sur cette question, le Conseil doit s'adjoindre un nombre de marchands en gros et de débitants de boissons les plus imposés à la patente, égal à la moitié des Membres du Conseil. Les femmes se font représenter par des fondés de pouvoir.

III

Comptes du Maire. — Le Conseil délibère sur les comptes présentés annuellement par le Maire. (L. 10 juillet 1837). Les comptes du Maire pour l'exercice clos sont présentés au Conseil avant la délibération du budget. Ils sont définitivement approuvés par le Préfet.

Ce rapport doit être détaillé afin d'éclairer le Conseil et l'autorité supérieure sur la gestion du Maire. Le Conseil après avoir arrêté le chiffre total des recettes et des dépenses de l'exercice clos détermine l'excédant définitif applicable aux ressources de l'exercice suivant. Lorsque, au lieu d'un excédant de recettes, il y a un excédant de dépenses ne provenant pas des paiements irréguliers et n'étant dès lors de nature à à être mis à la charge du receveur, on le mentionne dans le procès-verbal du réglement définitif.

Dans les séances où le rapport du budget est discuté, la présidence est confiée, au scrutin, à l'un des Membres du Conseil.

Le Maire peut assister à la séance, mais il se retire pour le vote.

Comptes du Receveur. — Les comptes des Receveurs, avant d'être soumis aux Conseils municipaux , doivent être vérifiés et certifiés exacts dans leurs résultats par les Receveurs des finances.

Une des expéditions du compte de chaque année est remise au Maire avant la fin du premier trimestre de l'année suivante. Le Maire la soumet au Conseil.

Les Receveurs doivent produire avec leurs comptes de gestion, un état des propriétés foncières productives ou improductives de revenus ainsi que des rentes et des créances qui composent l'actif des communes. Enfin, il doit être dressé un tableau qui présente pour chacun des articles : loyers de maisons, fermage des terres, rentes sur particuliers, créances diverses, rentes sur l'État, la balance des produits de l'exercice courant avec celui de l'exercice qui précède ; puis la différence et les explications qui en découlent ; les Receveurs doivent encore y ajouter les baux et résiliations de baux ; les actes de ventes ou d'achats, les certificats des mutations.

La clôture des registres du Receveur municipal et les constatations de l'existence des valeurs matérielles sont effectuées le 31 décembre en présence du Maire et d'un Membre du Conseil municipal.

Lorsque c'est le Percepteur qui gère la Recette municipale, les opérations sont faites par les soins du Maire et d'un des Conseillers municipaux.

Tous ces comptes sont naturellement soumis à l'examen des Conseils municipaux.

TROISIÈME PARTIE

AVIS

Ce titre comprend tous les cas dans lesquels le Conseil municipal ne fait qu'exprimer des *vœux* ou des *réclamations* sur tous les objets d'intérêt local.

Nous indiquerons rapidement les sujets sur lesquels les Conseils municipaux sont appelés à donner leur avis :

Sur le service de Voirie qui comprend les rues et tout ce qui est inhérent à ce service.

Sur les Bourses dans les Écoles spéciales du gouvernement et dans les Lycées et Collèges.

Sur les Comptes des Etablissements de bienfaisance, Comptes des Fabriques et des Etablissements religieux.

La création des Bureaux de bienfaisance est autorisée sur l'avis des Conseils municipaux. (L. 24 juil. 1867).

Sur les Chemins vicinaux et Chemins ruraux.

Le Conseil municipal est aussi appelé à donner son avis sur les circonscriptions relatives au culte, et sur celles relatives à la distribution des secours publics.

Sur les Circonscriptions des Communes. Sur l'indemnité à accorder aux instituteurs et institutrices dirigeant une classe d'adultes.

Sur les dons et legs aux Etablissements de charité et de bienfaisance.

Sur la fixation du nombre des *Ecoles de garçons ou de filles* à établir dans chaque commune.

Sur la création d'Etablissements de bienfaisance.

Sur les Expropriations pour cause d'utilité publique.

Sur la création d'une Foire dans une commune ou la création de marchés.

En ce qui concerne les *Foires* et *Marchés* ; lorsqu'on projette la création d'une Foire dans une commune, les Conseils municipaux doivent être appelés à donner leur avis dans un rayon d'environ vingt kilomètres. Il en est de même pour les Marchés aux bestiaux.

Il appartient ensuite aux Conseils d'arrondissement de se prononcer, puis définitivement, au Conseil général.

Quant aux marchés d'approvisionnement, l'établissement en est décidé par le Conseil municipal, décision ratifiée ensuite par le Préfet.

Le Conseil municipal doit toujours donner son avis sur les délibérations prises par la Commission des *Hospices* et *Hôpitaux* sur les budgets, recettes et dépenses des établissements hospitaliers ainsi que sur les travaux nécessaires en vue d'améliorer les services hospitaliers des garnisons. Ces travaux sont à la charge de l'Etat.

Après enquête, le Conseil municipal est appelé à émettre un avis motivé sur l'utilité des travaux à faire par l'Etat pour mettre les communes à l'abri des inondations.

Les Monts-de-Piété ou maisons de prêts sont institués comme établissements d'utilité publique avec l'assentiment des Conseils municipaux, par des décrets du Président de la République.

Les Percepteurs-receveurs municipaux sont tenus de résider au chef-lieu de leur perception, à moins d'une décision spéciale du ministre des finances qui les autorise à fixer leur domicile dans une autre commune.

Pour qu'il soit établi une boîte postale dans une commune, il faut que le Conseil municipal ait préalablement constaté les besoins de la localité.

Les frais d'établissement de la boîte sont à la charge de la commune. (8 mai 1854).

Les Directeurs des postes doivent prendre l'avis des Conseils municipaux sur toutes les questions postales intéressant les communes.

Les Conseils municipaux délibèrent chaque année, dans leur session de février pour l'année suivante :

Sur le taux de la rétribution scolaire ;

Sur le traitement de l'instituteur ;

Sur les centimes spéciaux qu'ils doivent voter à défaut de leurs revenus ordinaires pour élever le revenu de l'instituteur, si besoin est.

Les délibérations des Conseils municipaux relatives aux écoles, sont envoyées avant le 1er mai pour l'arrondissement, chef-lieu, au Préfet, et pour les autres arrondissements aux Sous-Préfets qui les transmettent dans les 10 jours au Préfet pour être soumises au Conseil départemental.

Vicaires. — Le nombre des vicaires attribués à chaque paroisse est fixé par l'évêque après que les marguillers en ont délibéré et que le Conseil municipal a donné son avis.

ATTRIBUTIONS DIVERSES

DÉLÉGUÉS CANTONNAUX

Il doit y avoir un intervalle d'un mois au moins entre le choix des délégués et l'élection des sénateurs. dont la date est fixée par décret du Président de la République. (L. 2 août 1875). Chaque Conseil élit un délégué. L'élection se fait sans débat, au scrutin secret, à la majorité absolue des suffrages. Après deux tours de scrutin la majorité relative suffit et en cas d'égalité de suffrages, le plus âgé est élu. Le même jour on procède également à l'élection d'un suppléant qui remplacera le délégué en cas de refus ou d'empêchement,

Le choix des Conseils municipaux ne peut porter ni sur un député, ni sur un Conseiller général, ni sur un Conseiller d'arrondissement. Il peut porter sur tous les électeurs de la commune y compris les Conseillers municipaux, sans distinction entre eux.

Dans les cinq jours, le délégué doit faire parvenir au Préfet l'avis de son acceptation. Le procès-verbal de l'élection de délégué et du suppléant est transmis au Préfet. Une copie de ce procès-verbal doit être affichée à la porte de la Mairie.

Tout électeur a la faculté de prendre à la Préfecture communication et copie de la liste par commune des Conseillers municipaux, de l'arrondissement. Tout électeur peut, dans un délai de trois jours, adresser directement au Préfet une protestation contre la régularité de l'élection. Le Préfet est libre d'annuler l'élection.

Les protestations relatives à l'élection du délégué ou du suppléant sont jugées, sauf recours au Conseil d'Etat, par le Conseil de Préfecture.

En cas d'annulation de l'élection du délégué, comme au cas de refus ou de décès de l'un ou de l'autre après leur acceptation, il est procédé à de nouvelles élections par le Conseil municipal au jour fixé par un arrêté du Préfet.

Huit jours au plus tard avant l'élection des sénateurs, le Préfet dresse la liste des électeurs du département par ordre alphabétique.

Le collège électoral est présidé par le Président du Tribunal civil du chef-lieu du département. Il est as-

sisté des deux plus âgés et des deux plus jeunes électeurs présents à l'ouverture de la séance.

Le bureau répartit les électeurs par ordre alphabétique en sections de vote. Il nomme les présidents et
scrutateurs de chaque section. Il statue sur toutes les
difficultés qui peuvent se présenter au cours de l'élection.

Le premier scrutin est ouvert à 8 heures du matin
et fermé à midi. Le second tour à 2 heures et fermé à
4 heures. Les résultats sont recensés par le bureau et
proclamé le même jour.

Nul n'est élu sénateur à l'un des premiers tours de
scrutin s'il ne réunit : 1₀ la majorité absolue des suffrages exprimés ; 2° un nombre de voix égal au quart
des électeurs inscrits.

Au troisième tour de scrutin, la majorité relative suffit et en cas d'égalité de suffrages, le plus âgé est élu.

La réunion électorale pour la nomination des sénateurs pourront être tenus depuis le jour de la nomination des délégués jusqu'au jour du vote inclusivement.

Elles doivent être précédées d'une déclaration faite
la veille, au plus tard, par sept électeurs sénatoriaux de
l'arrondissement et indiquant le local, le jour et l'heure
où la réunion doit avoir lieu, et les noms, profession
et domicile des candidats qui s'y présenteront.

L'autorité municipale veillera à ce que nul ne s'introduise dans la réunion s'il n'est Député, Conseiller général, Conseiller d'arrondissement, délégué ou candidat.

Le délégué justifiera de sa qualité par un certificat du maire de sa commune.

Élection du Maire et de ses Adjoints.

L'arrêté du Préfet qui convoque le Conseil pour l'élection du Maire ou des adjoints doit être notifié par écrit à tous les Membres du Conseil par les soins du Maire qui indique, en même temps, l'heure, le lieu et l'objet de la réunion; il doit être pris assez tôt pour que les Conseillers en aient connaissance au moins cinq jours avant celui de l'élection.

Les Conseils municipaux doivent être complétés avant la nomination des maires et adjoints. (L. 4 avril 1871).

Lorsqu'il a été fait dans ce but des élections complémentaires, il peut arriver que, par suite de démissions ou décès, de nouvelles vacances se produisent, postérieurement aux élections complémentaires et avant la réunion du Conseil.

Dans le cas ou les élections complémentaires donneraient lieu à des protestations devant le Conseil de Préfecture, les Conseillers nommés compteront cependant parmi les membres en exercice et pourront voter.

En conséquence la nullité des élections complémentaires, prononcée postérieurement au vote du Conseil ne pourrait entraîner la nullité de l'élection du Maire et de ses adjoints.

Le secrétaire ayant été élu il est procédé au choix du Maire au scrutin secret et à la majorité absolue.

Les Conseillers peuvent écrire leur bulletin en séance ou hors séance ; ils doivent le remettre fermé au président. Si un bulletin contenait deux ou plusieurs noms il ne serait tenu compte que du premier. (10 sept. 1876).

La majorité est nécessaire aux deux premiers tours de scrutin. Si après deux scrutins, aucun candidat n'a obtenu cette majorité, il est procédé à un scrutin de ballotage entre les deux candidats qui ont obtenu le plus de suffrages. (12 août 1876).

Les votants devront limiter leur choix aux deux noms qui auront recueilli le plus de voix.

Les bulletins désignant un autre candidat seraient considérés comme bulletins blancs. (10 sept. 1876).

Si les voix se partagent également au troisième tour, la nomination est acquise au plus âgé.

En ce cas la voix du président n'est pas prépondérante.

Il ne doit jamais être procédé à un quatrième tour de scrutin.

Les fonctions de scrutateur sont confiées aux trois Conseillers les plus âgés.

Aussitôt après l'élection du Maire, le Conseil procède à l'élection des adjoints.

Il y a :

1 adjoint pour les communes de 2,500 hab.
2   —   —   de 2,501 à 10,000 hab.

Dans les communes d'une population supérieure, on pourra nommer un adjoint de plus, par excédant de 20.000 habitants.

Lorsque la commune a droit à deux adjoints, il n'est point procédé à un scrutin de liste, la nomination de chacun de ces fonctionnaires doit faire l'objet d'un vote distinct.

Les adjoints prennent rang selon l'ordre de leur nomination ; dans le cas où la place de premier adjoint devient vacante, le second le remplace et le Conseil aura à élire un second adjoint.

Le procès-verbal de la séance d'élection du Maire et des adjoints doit être dressé sur le champ par le secrétaire.

Ce procès-verbal doit être transcrit sur le registre des délibérations du Conseil. Tous les membres présents le signent. Une copie de celui-ci est envoyé au Préfet.

Tout Conseiller a le droit d'arguer de nullité les opérations auxquelles il a été procédé dans la commune pour la nomination des Maires et adjoints.

Nous avons dit précédemment quelles étaient les conditions d'éligibilité.

Cette faculté s'étend à tous les électeurs municipaux, même ne faisant pas partie du Conseil.

Les réclamations doivent être déposées dans les cinq jours au secrétariat de la Mairie ou à la Préfecture. Il en est délivré récépissé.

Les Maires et adjoints destitués ne sont pas rééligibles pendant une année. (14 avril 1871).

Recette Municipale.

Le percepteur remplit les fonctions de receveur municipal.

Dans les communes dont le revenu excède 30.000 francs, ces fonctions peuvent être confiées à un receveur municipal spécial.

Il y a incompatibilité entre les fonctions de receveur municipal et celles de maire, d'adjoint, de membre des conseils de préfecture, des conseils municipaux ou des commissions administratives des établissements de bienfaisance, de juge ou de greffier des tribunaux et des justices de paix, de juge suppléant, de notaire, d'avocat, d'avoué, d'huissier, de commissaire-priseur, d'agent de change, de courtier, de secrétaire de mairie et de commission administrative, de commis de préfecture, de sous-préfecture, de trésorier général ou de recette particulière des finances, de receveur buraliste des contributions indirectes et de débitant de tabac. *Les parents ou alliés jusqu'au degré de cousin germain inclusivement ne peuvent être chargés des fonctions dans lesquelles ils exerceraient ou concourraient à exercer l'un sur l'autre une surveillance médiate ou immédiate.* Il est interdit aux receveurs municipaux de cumuler avec leur emploi une profession, un commerce ou une industrie quelconque (20 juin 1859).

On a vu précédemment que dans le cas d'absence ou d'empêchement, le maire est remplacé par un de ses adjoints, dans l'ordre des nominations et que dans le cas d'absence ou d'empêchement de ces derniers c'est à un conseiller désigné par le Préfet que revient la présidence du conseil ou de premier dans l'ordre du tableau.

En cas d'élection dans la commune, c'est le maire qui préside le premier bureau de vote, les adjoints président les suivants dans l'ordre de leur nomination.

Les fonctions du ministère public auprès du juge de paix siégeant comme juge de simple police sont remplies par un commissaire de police ou à son défaut par un des maires ou adjoints d'une autre commune du canton.

Une liste électorale relative aux élections municipales est dressée dans chaque commune par une commission composée du maire, d'un délégué de l'administration désigné par le Préfet et d'un délégué du Conseil.

Les listes sont déposées au secrétariat de la mairie. Les demandes en inscription ou en radiation doivent être formées dans le délai de vingt jours à partir de la publication des listes.

Contributions extraordinaires.

Nous avons réservé à cette partie un chapitre spécial, les contributions extraordinaires pouvant être l'objet de dispositions différentes suivant qu'elles ont pour objet de faire face à telle ou telle sorte de dépenses.

Il faut les classer ainsi qu'il suit :

1° Les contributions destinées à l'entretien des chemins vicinaux ;

2° Les contributions motivées soit pour faire face à certaines dépenses imprévues, soit en raison de l'insuffisance des revenus ordinaires de la commune.

Ces contributions sont régies par les dispositions ci-dessous :

Les conseils municipaux votent, sauf approbation du Préfet : 1° les contributions extraordinaires qui dépasseraient cinq centimes sans excéder le maximum fixé par le conseil général et dont la durée ne dépasserait pas douze années.

Toute contribution extraordinaire dépassant le maximum fixé par le conseil général et tout emprunt remboursable sur ressources extraordinaires dans le délai de douze ans, sont autorisés par décret.

Il est nécessaire que les emprunts communaux n'aient pour but que le paiement de dépenses d'une utilité incontestable ; qu'ils soient toujours circonscrits dans des limites modérées et proportionnelles surtout aux ressources disponibles, de façon à ne pas obérer les finances de la commune au préjudice des services municipaux.

Si la commune qui emprunte n'a pas besoin de re-

evoir immédiatement le montant de l'emprunt, il est
lécessaire que l'imposition créée pour faire face à ce
ervice ne soit perçue chaque année que jusqu'à con-
:urrence de la somme strictement indispensable pour
mortir la portion de l'emprunt réalisé (30 avril 1870).

Les communes peuvent traiter pour leurs emprunts
oit avec des particuliers, soit avec la caisse des dé-
ôts et consignations.

En cas d'emprunt à des particuliers, le traité doit
tre soumis à l'autorité supérieure.

Perception.

En dehors du produit des propriétés communales et
es rentes, les revenus communaux peuvent avoir les
ources suivantes :

L'établissement de droits sur certains objets ou en-
ore la contribution aux dépenses faites par la commune
our un travail ou un service public. Citons les droits
e pesage, mesurage ; droits perçus dans les abattoirs ;
s droits de voirie et les taxes d'inhumation ; la taxe
e pavage et celle pour la construction de trottoirs,
it enfin l'affouage, pâturage, etc...

Les taxes particulières dues par les habitants ou pro-

priétaires en vertu des lois et des usages locaux sont
réparties par délibération du conseil municipal approuvée par le Préfet. Ces taxes sont perçues suivant les dispositions établies pour le recouvrement des contributions.

Octroi.

Nous avons parlé d'autre part succinctement des
taxes d'octroi, il est nécessaire de compléter ces indi-
cations par quelques détails sur son fonctionnement.

Lorsque les revenus d'une commune sont insuffi-
sants pour ses dépenses, il peut y être établi, sur la
demande du conseil municipal, un droit d'octroi sur
les consommations.

Aucun tarif d'octroi ne peut porter que sur des objets
destinés à la consommation des habitants du lieu. Ces
objets sont toujours compris dans les cinq divisions
suivantes : 1° boissons et liquides ; 2° comestibles
3° combustibles ; 4° fourrages ; 5° matériaux.

Le conseil est libre de décider s'il doit accorder la
faculté d'entrepôt à domicile aux marchands en gros
ou en demi-gros, vendant au détail. Les combustibles
et matières premières destinés aux établissements in-
dustriels et aux manufactures de l'Etat sont admis de
droit à cet entrepôt (12 février 1870).

On ne peut soumettre des objets inscrits au tarif à
es taxes différentes selon qu'ils proviennent de l'ex-
rieur ou qu'ils ont été récoltés sur le lieu même.

On excepte cependant du droit d'octroi : 1° les
provisionnements en vivres destinés au service de
rmée de terre ainsi que de la marine militaire; 2° les
ois, fers, graisses, huiles et les matières qui servent
l'entretien du matériel de terre et de mer ; 3° les
mbustibles servant à l'exploitation des chemins de fer.

Les taxes d'octroi sur les boissons ne peuvent excé-
er de plus d'un tiers les droits d'entrée perçus par le
ésor public.

Le conseil municipal ne statue pas seul, sans l'appro-
tion du conseil général, lorsqu'il s'agit de décider la
orogation des taxes additionnelles existantes.

Le conseil peut décider suivant les circonstances si
mode de perception sera la régie simple, c'est-à-dire
lle qui dépend du maire, ou la régie intéressée, ou le
il à ferme ou l'abonnement avec l'administration des
ntributions indirectes.

La régie intéressée est celle qui est sous la respon-
lité d'un régisseur avec lequel un bail a été passé.

La ferme est l'adjudication pure et simple des pro-
its d'un octroi moyennant un prix convenu sans par-
ge de bénéfice et sans allocation de frais.

L'abonnement avec l'administration des contribu
tions indirectes pour la perception de l'octroi, se fai
de gré à gré entre cette administration et la commune

Abattoirs.

Pour la création d'un abattoir, le conseil municipa
devra prendre une délibération où il indiquera quell
est la population de la localité où l'abattoir doit êtr
construit, quel est le nombre des bouchers et charcu
tiers en exercice, quelle quantité de bestiaux est abat
tue annuellement pour la consommation.

Une enquête de *commodo* et *incommodo* doit auss
accompagner le vote du conseil.

Quant à l'emplacement et aux voies et moyens d'exé
cution ils doivent être soumis par le conseil à l'autorit
qui statue ensuite sur la demande d'autorisation.

Pour les taxes d'abattage, elles sont généralemen
calculées de façon à ne pas dépasser les frais annuel
d'entretien et de gestion des abattoirs, et à tenir compt
à la commune de l'intérêt du capital dépensé pour l
construction des bâtiments.

Les taxes d'abattage étant la représentation des ser
vices rendus aux personnes qui font usage des abat

toirs, on ne peut appliquer cette taxe aux bouchers ou aux charcutiers qui ne veulent en user.

Voirie.

Les droits de voirie perçus au profit de la ville ou de la commune s'appliquent à *toutes* les voies publiques. En conséquence les arrêtés portant délivrance d'alignement et permissions à bâtir ainsi que la détermination des dimensions des saillies qui peuvent être autorisées, restent dans les attributions respectives du préfet et du maire.

Ces droits de voirie sont dûs pour toutes constructions élevées sur les rues ou places dépendant de la grande ou de la petite voirie.

Ces droits ne peuvent être rangés parmi les taxes particulières dues par les habitants ou propriétaires. Le conseil municipal ne peut donc que délibérer sur les tarifs qui devront être imposés en cas de délivrance de permission ; les Etats de recouvrement sont dressés par le maire.

Inhumations.

Le transport des morts est fait gratuitement pour les

indigents ; pour les autres il donne lieu au paiement, au profit de la caisse municipale, d'une taxe graduée suivant la classe du convoi.

Cette taxe doit être distinguée des autres taxes ou droits rentrant dans le service des pompes funèbres qui font partie des revenus des fabriques.

Pavage.

Dans les villes ou conformément aux usages locaux, le pavage de tout ou partie des rues est à la charge des propriétaires riverains, les frais d'établissement ou d'entretien peuvent être convertis en une taxe payable en numéraire et recouvrable comme les taxes municipales.

Trottoirs.

L'établissement de trottoirs est reconnu d'utilité publique ; la dépense de la construction doit être répartie entre la commune et les propriétaires-riverains dans les proportions et après l'accomplissement des formalités déterminées par la loi.

La délibération du conseil municipal doit désigner

les rues et places où les trottoirs seront établis, arrêter les devis des travaux selon les matériaux entre la commune et les propriétaires.

La part de charge revenant à la commune ne pourra être inférieure à la moitié de la dépense totale.

Syndicat de Communes.

Nous avons parlé déjà de l'association de communes dans un but d'intérêt commun. Nous croyons utile de compléter cet article par certains passages de la loi du 22 mars 1890 qui y sont relatifs.

Lorsque les Conseils municipaux de deux ou de plusieurs communes d'un même département ou de départements limitrophes ont fait connaître, par des délibérations concordantes, leur volonté d'associer les communes qu'ils représentent en vue d'une œuvre d'utilité intercommunale et qu'ils ont décidé de consacrer à cette œuvre des ressources suffisantes, les délibérations prises sont transmises par le Préfet au Ministre de l'Intérieur; et, s'il y a lieu, un décret rendu en Conseil d'Etat autorise la création de l'association qui prend le nom de syndicat de communes.

Les syndicats de communes sont des établissements publics investis de la personnalité civile.

Les lois et règlements concernant la tutelle des communes leur sont applicables.

Dans le cas où les communes syndiquées font partie de plusieurs départements, le syndicat ressortit à la Préfecture du département auquel appartient la commune siège de l'association.

Le syndicat est administré par un comité.

A moins de dispositions contraires confirmées par le décret d'institution, ce comité est constitué d'après les règles suivantes :

Les membres sont élus par les Conseils municipaux des communes intéressées.

Chaque commune est représentée dans le comité par deux délégués.

Le choix du Conseil municipal peut porter sur tout citoyen réunissant les conditions requises pour faire partie d'un Conseil municipal.

Les délégués sont élus au scrutin secret et à la majorité absolue, il est procédé à un troisième tour, et l'élection a lieu à la majorité relative. En cas d'égalité de suffrages, le plus âgé est déclaré élu.

Les délégués du Conseil municipal suivent le sort de cette assemblée quant à la durée de leur mandat ; mais en cas de suspension, de dissolution du Conseil municipal ou de démission de tous les Membres en exercice, ce mandat est continué jusqu'à la nomination des délégués par le nouveau Conseil.

Les délégués sortants sont rééligibles.

En cas de vacance parmi les délégués, par suite de décès, démission ou tout autre cause, le Conseil municipal pourvoit au remplacement dans le délai d'un mois.

Si un Conseil, après mise en demeure du Préfet, néglige ou refuse de nommer les délégués, le Maire et le premier Adjoint représentent la commune dans le comité du syndicat.

La commune, siège du syndicat, est fixée par le décret d'institution, sur la proposition des communes syndiquées.

Les règles de la comptabilité des communes s'appliquent à la comptabilité des syndicats.

Le comité tient chaque année deux sessions ordinaires un mois avant les sessions ordinaires du Conseil général.

Il peut être convoqué extraordinairement par son Président, qui devra avertir le Préfet trois jours au moins avant la réunion.

Le Président est obligé de convoquer le comité, soit sur l'invitation du Préfet, soit sur la demande de la moitié au moins des membres du comité.

Le comité élit annuellement, parmi ses membres, les membres de son bureau.

Pour l'exécution de ses décisions et pour tester en justice, le comité est représenté par son Président, sous réserve des délégations facultatives autorisées par l'article 175.

Le Préfet et le Sous-Préfet ont entrée dans le comité et sont toujours entendus quand ils le demandent. Ils peuvent se faire représenter par un délégué.

Les conditions de validité des délibérations du comité, de l'ordre et de la tenue des séances, sauf en ce qui concerne la publicité, les conditions d'annulation de ses délibérations, de nullité de droit et de recours, sont celles que fixe la loi du 5 avril 1884 pour les Conseils municipaux.

Le comité du syndicat peut choisir, soit parmi ses membres, soit en dehors, une commission de surveillance et un ou plusieurs gérants. Il détermine l'étendue des mandats qu'il leur confère.

Les décisions prises en vertu du précédent paragraphe ne sont exécutoires qu'après approbation du Préfet.

La durée des pouvoirs de la Commission de surveillance et des gérants ne peut dépasser celle des pouvoirs du comité.

Les gérants peuvent être révoqués dans les formes où ils ont été nommés.

L'administration des établissements faisant l'objet des syndicats est soumise aux règles du droit commun. Leur sont notamment applicables les lois qui fixent, pour les établissements analogues, la constitution des commissions consultatives ou de surveillance, la composition ou la nomination du personnel, la formation et l'approbation des budgets, l'approbation des comptes, les règles d'administration intérieure et de comptabilité. Le comité exerce, à l'égard de ces établissements, les droits qui appartiennent aux Conseils municipaux à l'égard des établissements communaux de même nature.

Toutefois, si le syndicat a pour objet de secourir des malades, des vieillards, des enfants ou des incurables, le comité pourra décider qu'une commission administrera les secours, d'une part à domicile, et d'autre part à l'hôpital ou à l'hospice.

Le budget du syndicat pourvoit aux dépenses de création et d'entretien des établissements ou services pour lesquels le syndicat est constitué.

Les recettes de ce budget comprennent :

1° La contribution des communes associées. Cette contribution est obligatoire pour lesdites communes pendant la durée de l'association et dans la limite des nécessités du service telle que les délibérations initiales des Conseils municipaux l'ont déterminée.

Les communes associées peuvent affecter à cette dépense leurs ressources ordinaires ou extraordinaires disponibles.

Elles sont, en outre, autorisées à voter, à cet effet, cinq centimes spéciaux.

2° Le revenu des biens, meubles ou immeubles, de l'association ;

8° Les sommes qu'elle reçoit des administrations publiques, des associations, des particuliers, en échange d'un service rendu ;

4° Les subventions de l'Etat, du département et des communes ;

5° Les produits des dons ou legs.

Copie de ce budget et des comptes du syndicat sera adressée chaque année aux Conseils municipaux des communes syndiquées.

Les Conseillers municipaux de ces communes pourront prendre communication des procès-verbaux des délibérations du comité et de la commission de surveillance.

Le syndicat peut organiser des services intercommunaux autres que ceux prévus au décret d'institution, lorsque les Conseils municipaux des communes associées se sont mis d'accord pour ajouter ces services aux objets de l'association primitive. L'extension des attributions du syndicat doit être autorisée par décret rendu dans la même forme que le décret d'institution.

Il est dissous, soit de plein droit par l'expiration du temps pour lequel il a été formé ou par la consommation de l'opération qu'il avait pour objet, soit par le consentement de tous les Conseils municipaux intéressés. Il peut être dissous, soit par décret sur la demande motivée de la majorité desdits Conseils, soit d'office par un décret rendu sur l'avis conforme du Conseil l'Etat.

Le décret de dissolution détermine, sous la réserve les droits des tiers, les conditions dans lesquelles l'opère la liquidation du syndicat.

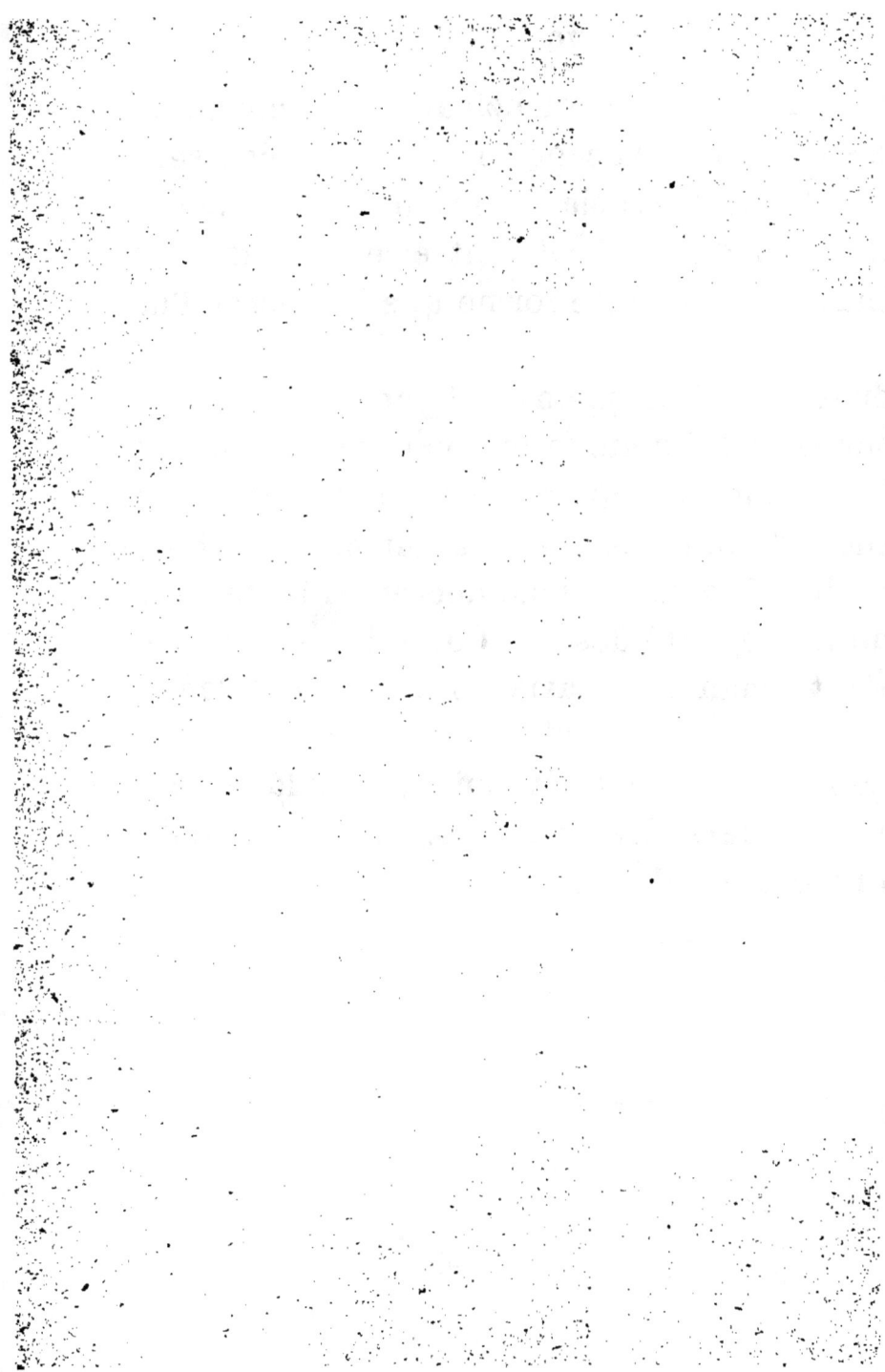

CHAPITRE SPÉCIAL

LOIS USUELLES

—o—

Comme complément indispensable au guide pratique qui pré-
de et, que nous avons cherché à résumer le plus succintement
ssible de façon à en faire plutôt un memorandum, il nous paraît
cessaire d'ajouter quelques renseignements sur les lois
uelles qui nous régissent et que beaucoup ignorent cependant.
En France, nos bacheliers qui souvent mettraient plus d'une
ure à conter la guerre du Péloponèse, ne connaissent pas le
emier mot de nos institutions et de toutes ces questions d'un
age constant dans la vie courante.
Ce dernier chapitre élémentaire d'éducation civique s'adresse
nc à tous.

ÉTAT-CIVIL

Les actes de l'Etat-Civil sont rédigés par le maire
un adjoint sur les registres appelés registres de
Etat-Civil.

Pour rédiger cet acte il faut que les déclarations de naissance, mariage, décès soit faite par une personne, ayant qualité, en présence de témoins ayant 21 ans accomplis, parents ou non parents, mais n'ayant pas été condamnés.

Il est essentiel d'éviter toute irrégularité dans un acte de l'Etat-Civil, afin de se défendre contre la mauvaise foi de ceux qui pourraient avoir intérêt à profiter d'une situation fausse ou simplement d'une erreur.

Les registres de l'Etat-Civil sont destinés à la publicité et chacun peut moyennant une faible somme en obtenir des extaits.

NAISSANCE

La naissance de l'enfant, vivant ou mort, doit être déclaré par le père lui-même, ou par un mandataire muni d'une procuration notariée.

Si le père légitime est absent ou si le père naturel ne se fait pas connaître la déclaration doit être faite par des docteurs en médecine, sages-femmes, ou autres personnes ayant assisté à l'accouchement.

La déclaration doit être faite dans les 3 jours de la naissance de l'enfant, sous peine d'une amende de

15 à 300 fr., et d'une condamnation de six jours à six mois de prison. Elle doit être faite à la mairie de la commune.

Toute personne, témoin d'une naissance qui n'en ferait pas la déclaration ou ne s'assurerait pas qu'elle a été régulièrement faite, s'exposerait aux amendes et aux poursuites criminelles édictées par l'article 346 du Code pénal.

Celui qui trouve un enfant nouveau-né doit le remettre à l'officier de l'Etat-Civil.

DÉCÈS

L'acte de décès est dressé sur la déclaration de deux personnes les plus proches parents du défunt ou de deux voisins.

Cette déclaration doit être faite, dans les vingt-quatre heures à la Mairie de la commune ; elle est accompagnée d'un certificat du médecin chargé de vérifier le décès.

Aucune inhumation ne peut être faite sans une autorisation sur papier libre et sans frais de l'officier public. Entre le décès et l'inhumation, il doit y avoir au moins un intervalle de vingt-quatre heures.

MARIAGE

L'homme avant 18 ans révolus et la femme ayant 15 ans, ne peuvent contracter mariage ; mais ils peuvent obtenir des dispenses d'âge.

Les conjoints ne doivent être ni parents, ni alliés en ligne directe à l'infini, ni en ligne collatérale, tels que frère et sœur et alliés au même degré, oncle et tante, neveu et nièce. Il faut que les père et mère ou le conseil de famille, au moins, consentent au mariage.

S'il y a désaccord entre le père et la mère, c'est la volonté du père qui l'emporte et le mariage peut avoir lieu, mais toutefois après que le consentement de la mère a été authentiquement sollicité par acte notarié.

Un enfant peut contracter mariage, malgré ses parents après l'âge de 25 ans pour le fils et 21 ans pour la fille ; il est alors obligé de demander par actes respectueux dressé par un notaire, le consentement de ses père et mère.

Tout mariage contracté en dehors de ces conditions est nul.

Cependant, si les conjoints étaient de bonne foi quand ils se sont mariés, ignorant les motifs d'empêchement à cette union, ce mariage désigné sous le nom de *mariage putatif* est parfaitement légal.

Un défaut de conformation, la stérilité ou l'impuissance ne peuvent jamais entraîner la nullité du mariage.

La femme veuve ne peut se remarier que dix mois après la dissolution du mariage précédent.

***

Le mariage doit être précédé de publications faites deux dimanches consécutivement à la Mairie du domicile des deux futurs époux et des personnes sous la puissance desquels ils se trouvent. Un extrait de ces publications est affiché à la porte de chaque Mairie.

On ne peut pas célébrer le mariage avant le troisième jour qui suit la seconde publication.

Les oppositions sont signifiées par exploit d'huissier. Le conjoint de l'un des futurs époux peut former opposition au mariage de leur époux ou de leur enfant.

Les tuteur ou curateur ont enfin le droit de s'opposer au mariage avec l'approbation du conseil de famille.

Célébration. — L'officier de l'Etat-Civil ne peut procéder à la célébration avant la vérification des pièces à fournir, savoir : 1° l'acte de naissance de chacun des conjoints, ou à défaut de cet acte, un acte de notoriété dressé par le juge de paix, signé de sept témoins, revêtu de l'homologation du Tribunal civil de l'arrondissement où le mariage doit être célébré ; 2º l'acte authentique du consentement des père et mère non présents ; 3º en cas de dispense d'âge de parenté ou d'alliance, la dispense doit être également présentée.

Toutes les justifications faites, le Maire procède à la célébration de mariage, en présence de quatre témoins majeurs.

La célébration religieuse ne peut avoir lieu qu'après la célébration civile, sur un certificat délivré à la Mairie.

Les enfants nés hors mariage, autres que ceux nés d'un commerce adultérin ou incestueux, peuevnt être légitimés par le mariage. La reconnaissance doit avoir lieu avant le mariage.

Tout contrat de mariage doit être fait par devant notaire avant la célébration.

La loi reconnait pour les conventions matrimoniales, quatre modes différents appelés *Régimes* : 1º la communauté légale pure et simple ou modifiée par des conventions spéciales ; 2º le régime exclusif de communauté sans séparation de biens ; 3º la séparation de biens : 4º le régime dotal.

DE L'INTERDICTION

Le majeur est celui qui a plus de 21 ans. Il peut exercer ses droits civils.

Certains majeurs sont frappés d'incapacité, ce sont :
1º Les *Interdits* ;
2º Les *Prodigues*.

Le majeur interdit est assimilé au mineur pour sa personne et pour ses biens ; les lois sur la tutelle des mineurs sont alors applicables à la tutelle des interdits, avec un tuteur pour la représenter dans les actes de la vie civile, un subrogé tuteur et un conseil de famille.

Le conseil judiciaire est un curateur nommé par le tribunal civil d'arrondissement ; sans l'assistance civique le prodigue ne peut se livrer aux actes qui exposeraient sa fortune.

Ces incapables ne sont pas condamnés à une perpétuelle interdiction ; le tribunal peut les réintégrer dans l'exercice de leurs droits civils quand on le juge convenable.

DES SUCCESSIONS

On distingue deux espèces d'héritiers : les héritiers légitimes et ceux irréguliers.

L'héritier légitime est saisi de plein droit du bien et dettes du défunt ; tandis que l'héritier irrégulier ne peut entrer dans leur possession qu'après un jugement du tribunal civil.

La loi établit trois ordres de succession légitime — descendants — ascendants — collatéraux.

Toute succession échue à des ascendants et à des collatéraux se divise en deux parts égales : l'une pour la ligue paternelle, l'autre pour la ligne maternelle ; et la moitié réservée à chaque ligne appartient à l'héritier ou aux héritiers des degrés les plus proches.

Tous les enfants légitimes, légitimés ou adoptifs, ont les mêmes droits à la succession de leurs père et mère, soit par tête, s'ils sont au premier degré, soit par souche si parmi eux il y en a qui profitent du bénéfice de la représentation.

Les ascendants n'ont droit à l'hérédité que si le défunt ne laisse pas de descendants.

Les enfants naturels reconnus ne sont pas totalement privés de droits héréditaires ; ils ne peuvent succéder qu'au père et à la mère qui les ont reconnus et dans des conditions qui varient avec le degré des autres héritiers du défunt :

1° S'il se trouve avec des enfants légitimes, ils ont droit au tiers de ce qu'ils devraient avoir s'ils étaient eux-mêmes enfants légitimes.

2° S'il se trouve avec des ascendants, des frères, sœurs ou descendants d'eux la moitié de la succession qui est dévolue ;

3° S'il concourt avec des collatéraux ordinaires, il a droit aux trois quarts.

4° Enfin s'il n'y a pas de parents au degré successible, toute la succession lui échoit.

Les enfants adultérins ou incestueux n'ont droit qu'à des aliments.

La succession du défunt qui ne laisse ni parents légitimes ni parents naturels est acquise au conjoint survivant et à son défaut à l'Etat.

—

Tout héritier, à la mort du défunt, peut : accepter la succession purement et simplement — renoncer à la succession — l'accepter sous bénéfice d'inventaire.

Du Partage. — Le partage à l'amiable a lieu par acte sous seing privé, d'après la seule convention des parties ; le partage judiciaire, se produit quand il y a désaccord entre cohéritiers ou quand il y a parmi les héritiers un mineur, un absent ou interdi. Le partage a lieu devant le tribunal de 1re instance du domicile du défunt, après opposition des scellés par le juge de paix et inventaire notarié de tous les meubles et immeubles faits par des experts.

DONATIONS

La donation *entre vifs* dessaisit *actuellement* et *irrévocablement* le donateur au profit de toute personne capable qui accepte.

Toutes les donations entre vifs ou non, qui excèdent la quotité disponible sont soumises à la réduction.

Les libéralités ne peuvent dépasser la moitié des biens du donateur s'il ne laisse à sa mort qu'un enfant légitime ; le tiers s'il laisse deux enfants ; le quart s'il en laisse trois ou un plus grand nombre ; moitié, s'il y a des ascendants dans les deux lignes paternelle ou maternelle et enfin les trois quarts s'il n'y a plus d'ascendants que dans une seule ligne.

Des Testaments. — Un testament ne peut-être fait dans le même acte que par deux ou plusieurs personnes, parce que ce testateur doit conserver la facilité de le révoquer librement.

Il y a trois sortes de testaments ordinaires :

Le testament *olographe* ;

Le testament *par acte public* ;

Le testament *mystique*.

Le testament *olographe* est celui qui est écrit sur papier timbré ou sur papier libre entièrement de la main du testateur avec la date des ans, mois et jours en chiffres ou en lettres, et ensuite sa signature.

Le testament par *acte public* ou *testament authentique* est reçu sons la dictée du testateur par un notaire en présence de quatre témoins.

Le testament *mystique* écrit ou non par le testateur, mais signé par lui, est présenté, clos et cacheté, à un notaire, en présence de 6 témoins, qui le garde en dépôt.

Le testament peut-être révoqué : 1° par un testament postérieur ; 2° par l'aliénation des choses léguées ; 3° par acte devant notaire portant déclaration de changement de volonté.

On peut donc demander la nullité d'un testament : 1° pour cause d'inéxécution des conditions ; 2° si le légataire a attenté à la vie du testateur ; 3° si le légataire s'est rendu coupable envers le testateur de sévices délits ou injures graves.

Un legs est caduc par le décès du légataire pendant la vie du testateur par la perte de la chose léguée et par le refus du légataire d'accepter ce legs.

DE L'ASSISTANCE JUDICIAIRE

L'assistance judiciaire est accordée par toute personne indigente dans les cas prévus par la loi.

Les demandes d'admissions à l'assistance judiciaire

sont adressées à des bureaux spéciaux, établis au chef-lieu judiciaire de chaque arrondissement.

Elles se font sur papier libre au procureur de la République du tribunal du domicile, lequel en fait la remise.

Pour obtenir l'assistance judiciaire, il faut joindre à la demande : 1° un extrait du rôle des contributions ou un certificat du percepteur du domicile constatant que la personne indigente n'est pas imposée ; 2° d'une déclaration homologuée par le maire de la commune affirmant l'impossibilité absolue de payer les frais de justice et indiquant explicitement les moyens d'existence du postulant.

Le bénéfice de l'assistance judiciaire peut-être retiré, s'il survient à l'assisté des ressources reconnues suffisantes ou s'il a surpris la décision du tribunal par une déclaration frauduleuse.

Le retrait de l'assistance judiciaire peut-être demandé soit par le ministère public, soit par la partie adverse. Il peut aussi être prononcé d'office par le bureau.

Le retrait de l'assistance judiciaire a pour effet de rendre immédiatement exigibles les droits honoraires émoluments et avances de toute nature dont l'assisté avait été dispensé.

TABLE ALPHABÉTIQUE

DES MATIÈRES

~~~~~~~~~~

A

B

C

Amiens. — Imp. P. Duchatel, rue des Jacobins, 40.

AU GRAND CARNOT

36 et 38. — Rue des Vergeaux. — 36 et 38

AMIENS

VÊTEMENTS CONFECTIONNÉS & SUR MESURE

POUR HOMMES, JEUNES GENS & ENFANTS

Véritables producteurs de tous leurs articles

ÉCHANGE ou Remboursement de TOUT ACHAT ne convenant plus	PRIX FIXE	VENTE AU DÉTAIL AU PRIX DE GROS

En donnant à ses Vêtements l'ÉLÉGANCE, la SOLIDITÉ, et en les vendant aux plus extrêmes bas prix, les Magasins :

" AU GRAND CARNOT "

garantissent à leur Clientèle des Avantages exceptionnels

ESCOMPTE 2 %

RAYON SPÉCIAL D'ARTICLES DE TRAVAIL
en Velours, Coutils et Toile

www.ingramcontent.com/pod-product-compliance
Lightning Source LLC
Chambersburg PA
CBHW052056270326
41931CB00012B/2783